Zahlenzauber 1

Übungsheft

Erarbeitet von
Bettina Betz
Angela Bezold
Ruth Dolenc-Petz
Simone Hertle
Carina Hölz
Petra Ihn-Huber
Christine Kullen
Elisabeth Plankl
Beatrix Pütz
Carola Schraml
Stephanie Wunder

Illustriert von
Mathias Hütter
Renate Möller

Ich bin Bim.

Ich bin Simsala.

Und ich bin Eulalia.

Inhaltsverzeichnis

3 Zählen	26 Plus- und Minusaufgaben	43 Bis 20 am Zwanzigerseil
4 Zählen	27 Plus- und Minusaufgaben	44 Bis 20 am Zwanzigerseil
5 Zahlen schreiben: 1, 2 und 3	28 Plusaufgaben – Platzhalter in der Mitte	45 Zahlen vergleichen: >, <, =
6 Zahlen schreiben: 4, 5 und 6		46 Verwandte Plusaufgaben
7 Zahlen schreiben: 7, 8, 9 und 10	29 Minusaufgaben – Platzhalter in der Mitte	47 Verwandte Minusaufgaben
8 Anzahlen bestimmen	30 Plus oder minus? – Platzhalter in der Mitte	48 Verwandte Plus- und Minusaufgaben
9 Anzahlen bestimmen		49 Plus- und Minusaufgaben bis 20
10 Zahlen zerlegen: Immer 10	31 Plus- und Minusaufgaben – Platzhalter in der Mitte	
11 Zahlen zerlegen: Immer 9		50 Verdoppeln
12 Zahlen zerlegen	32 Plus- und Minusaufgaben – Platzhalter in der Mitte	51 Nachbaraufgaben
13 Zahlen zerlegen		52 Nachbaraufgaben
14 Zahlen vergleichen: >, <, =	33 Plus oder minus? – Platzhalter in der Mitte	53 Nachbaraufgaben
15 Zahlen vergleichen: >, <, =		54 Zwischenstopp bei 10 +
16 Dazulegen oder wegnehmen?	34 Schöne Päckchen + und −	55 Zwischenstopp bei 10 +
17 Dazulegen oder wegnehmen?	35 Ergebnisse färben	56 Zwischenstopp bei 10 −
18 Plusaufgaben	36 Umkehraufgaben +	57 Zwischenstopp bei 10 −
19 Minusaufgaben	37 Umkehraufgaben −	58 Plusaufgaben bis 20
20 Plus- und Minusaufgaben	38 Tauschaufgaben	59 Minusaufgaben bis 20
21 Plus- und Minusaufgaben	39 Drei Zahlen – vier Aufgaben	60 Halbieren
22 Plus oder minus?	40 Links und rechts immer gleich viel	61 Rechnen mit Euro
23 Plus oder minus?		62 Rechnen mit Cent
24 Plusaufgaben	41 Rechnungen vergleichen	63 Uhrzeiten
25 Minusaufgaben	42 Zehner und Einer	64 Zahlenmauern

Zählen

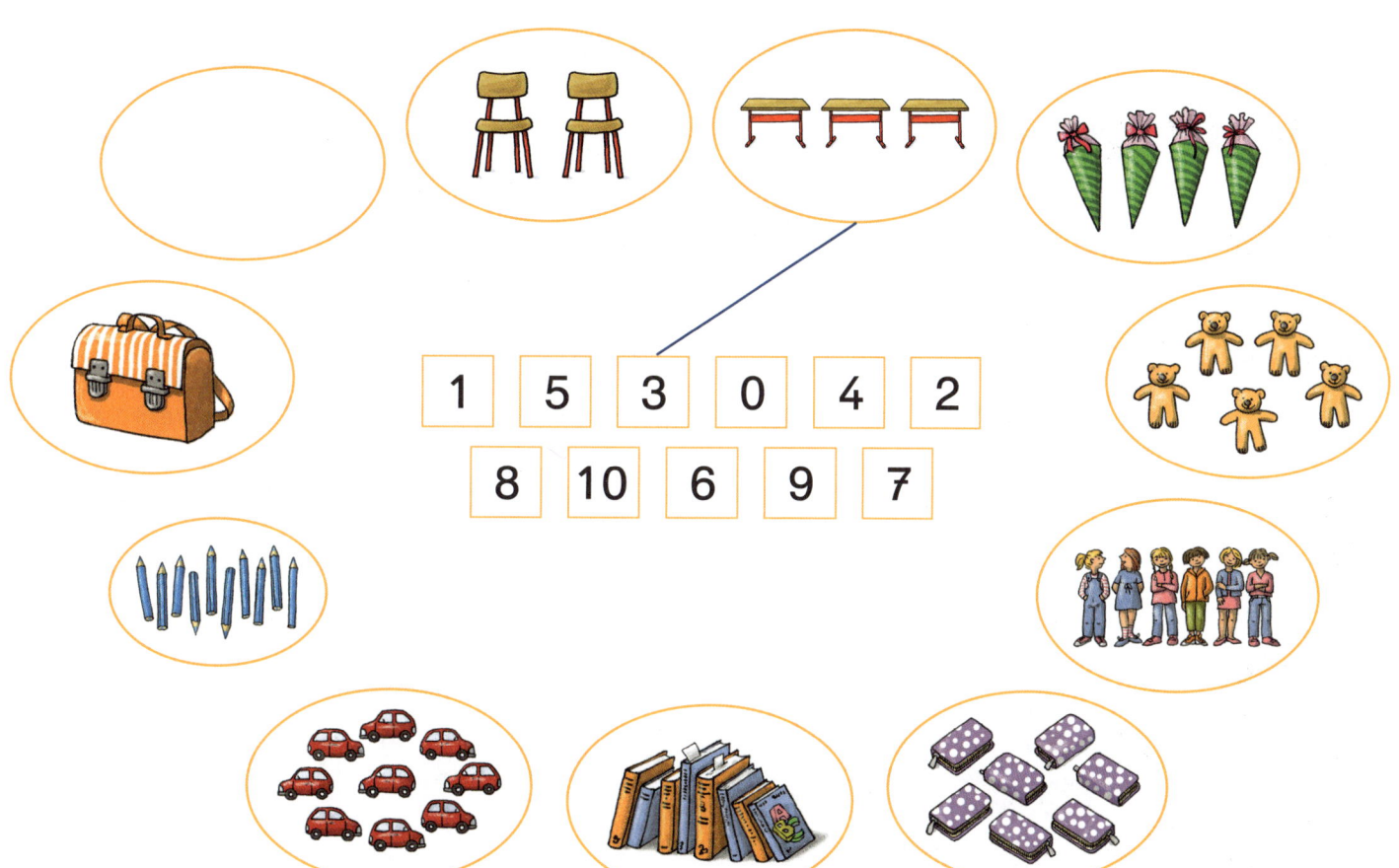

Zählen

Immer 2

Immer 4

Immer 5

Immer 3
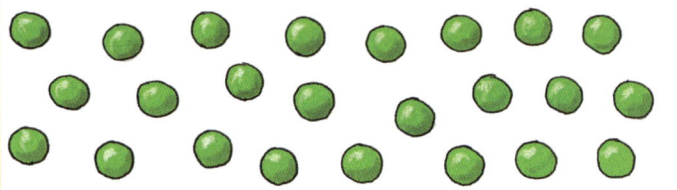

Immer 6

Immer 7

Zahlen schreiben: 1, 2 und 3

Zahlen schreiben: 4, 5 und 6

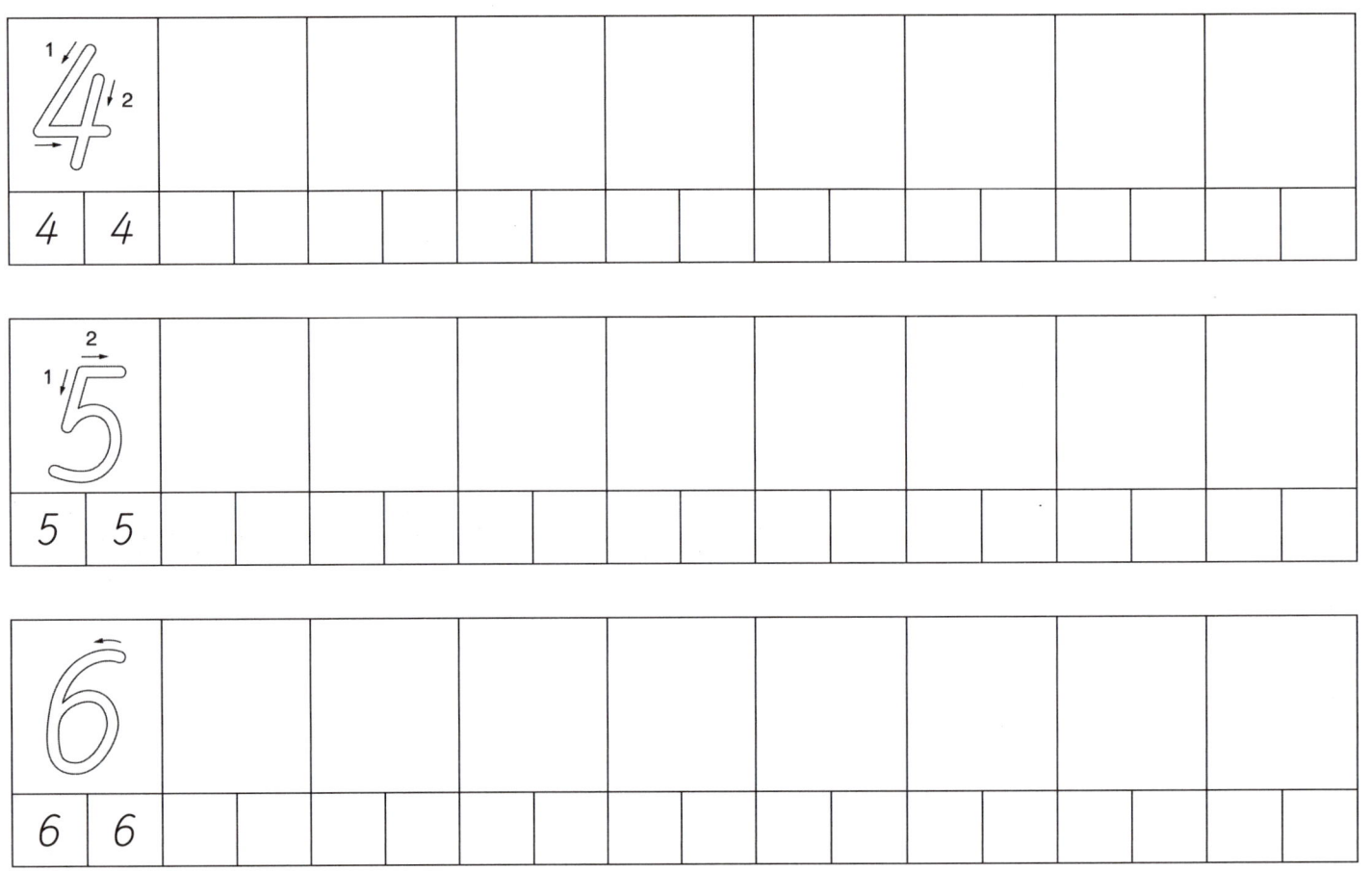

Zahlen schreiben: 7, 8, 9 und 10

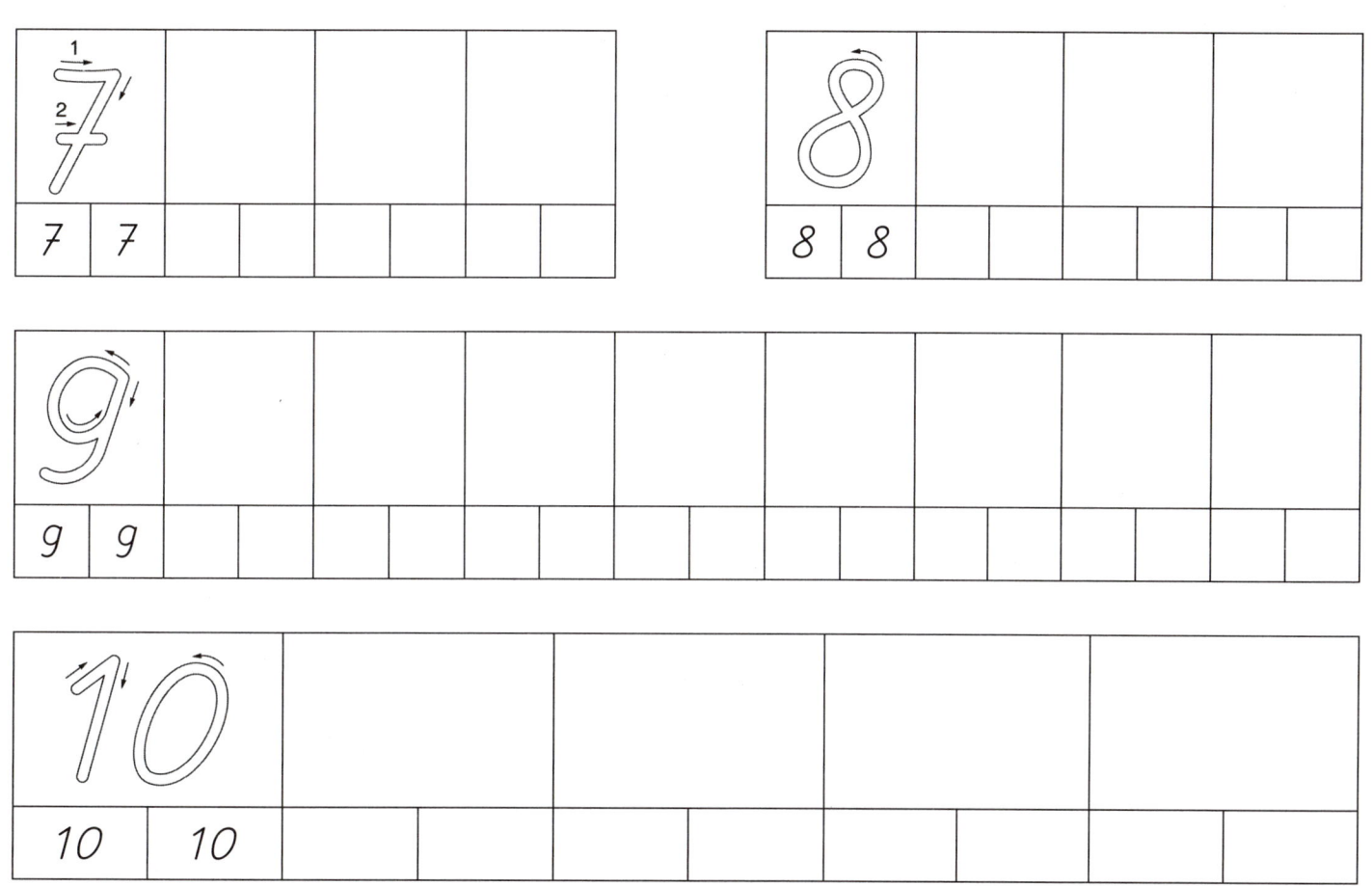

Anzahlen bestimmen

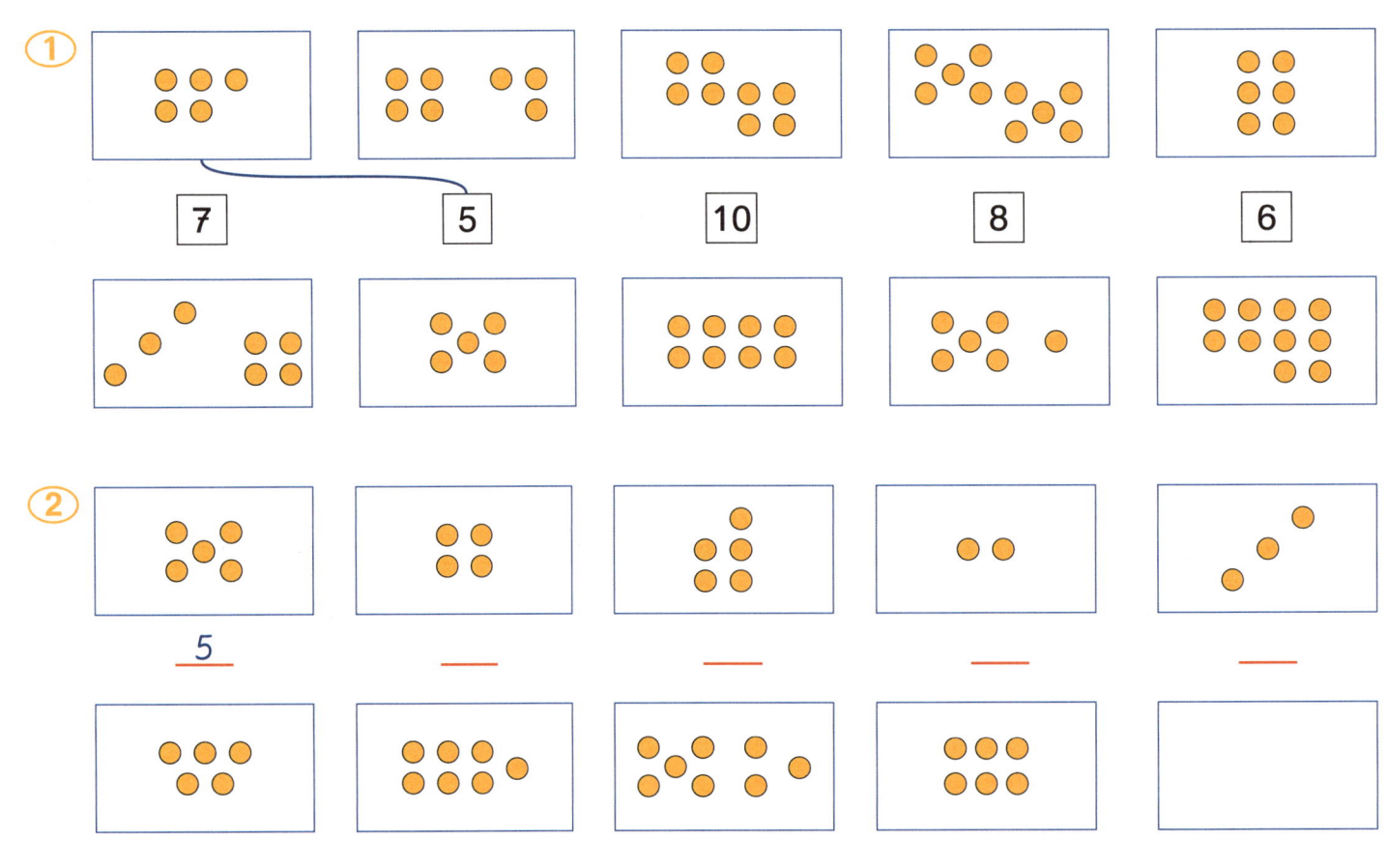

Anzahlen bestimmen

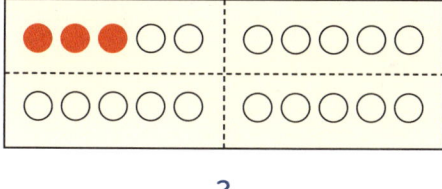

_3_

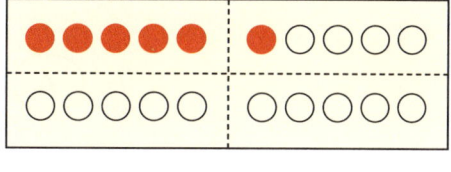

___

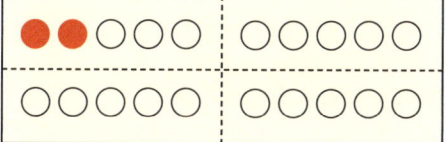

___

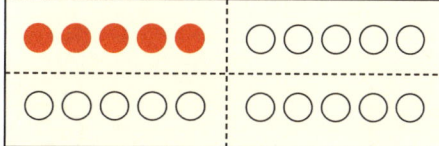

___

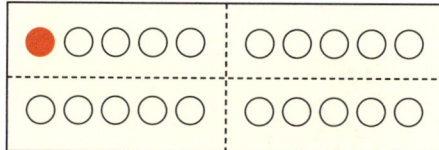

___

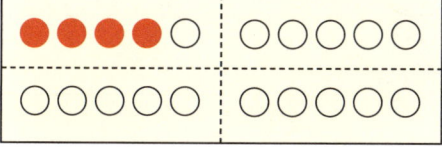

___

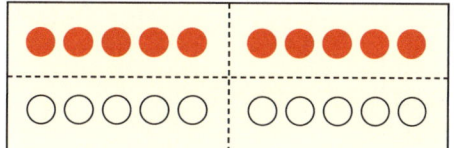

___

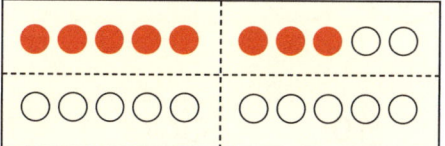

___

Zahlen zerlegen: Immer 10

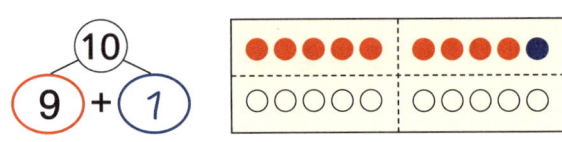

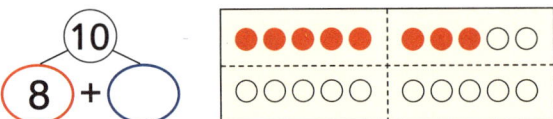

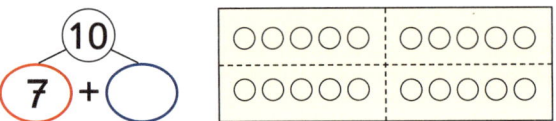

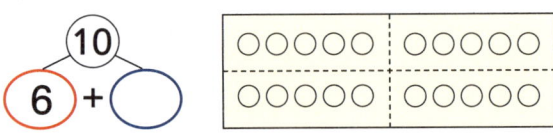

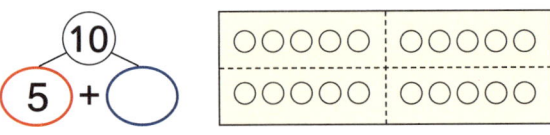

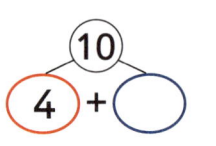

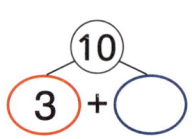

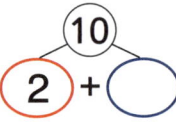

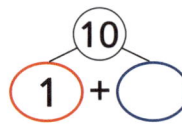

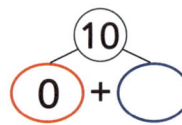
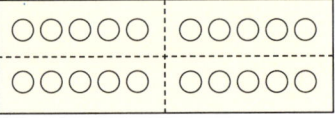

Zahlen zerlegen: Immer 9

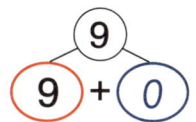 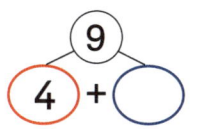

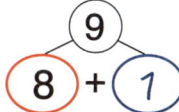 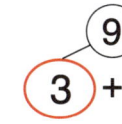

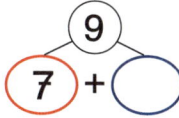 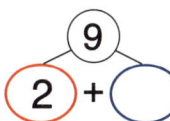

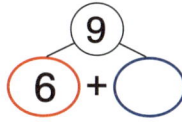 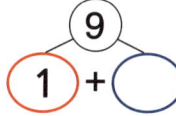

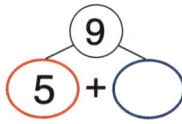 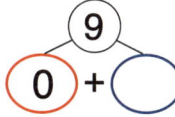

Zahlen zerlegen

1	2	3	4	5
0 + 1	0 + __	0 + __	0 + __	0 + __
1 + 0	__ + __	__ + __	__ + __	__ + __
	__ + __	__ + __	__ + __	__ + __
		__ + __	__ + __	__ + __
			__ + __	__ + __
				__ + __

_2_ Zerlegungen

_3_ Zerlegungen

___ Zerlegungen

___ Zerlegungen

___ Zerlegungen

Was fällt dir auf?

Zahlen zerlegen

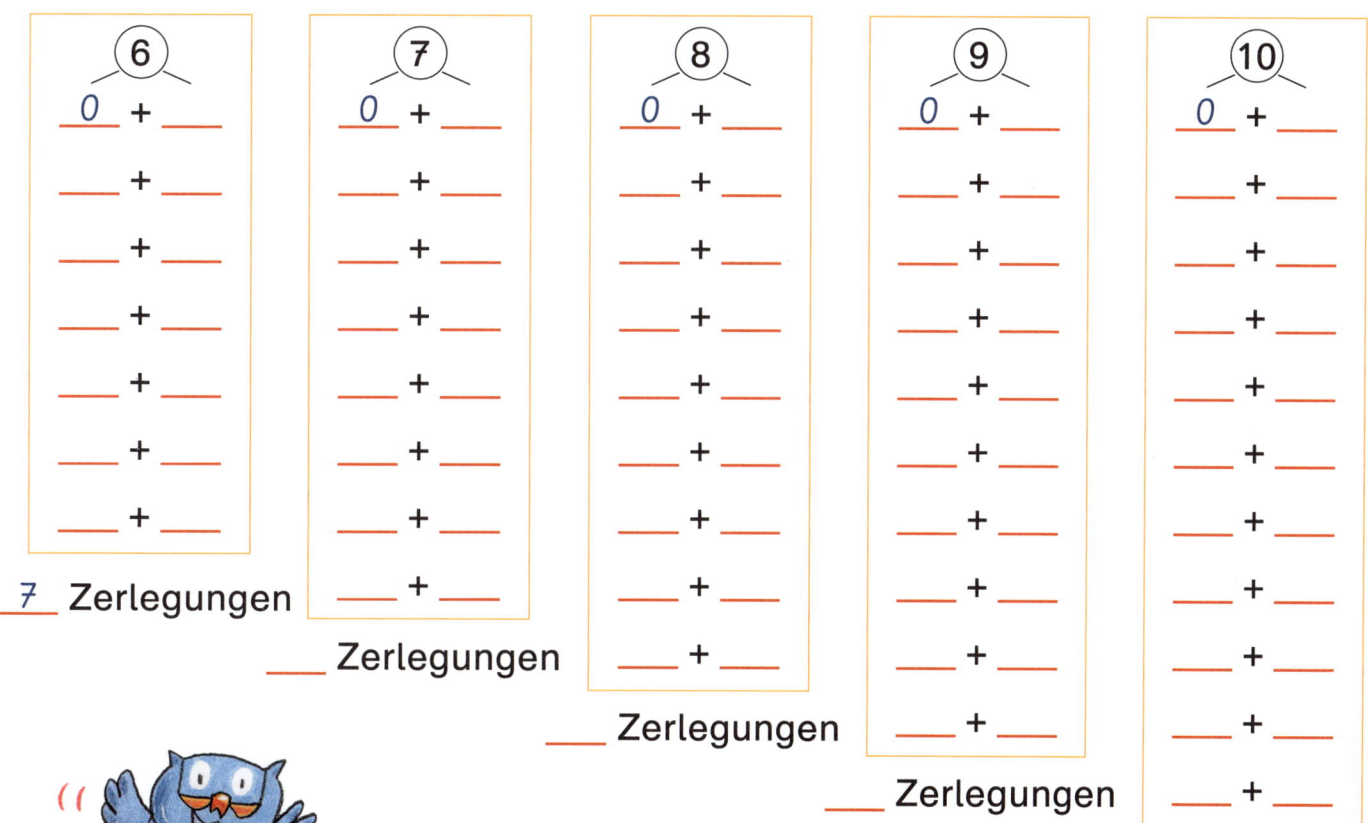

(6)
0 + __

_7_ Zerlegungen

(7)
0 + __

___ Zerlegungen

(8)
0 + __

___ Zerlegungen

(9)
0 + __

___ Zerlegungen

(10)
0 + __

___ Zerlegungen

Zahlen vergleichen: >, <, =

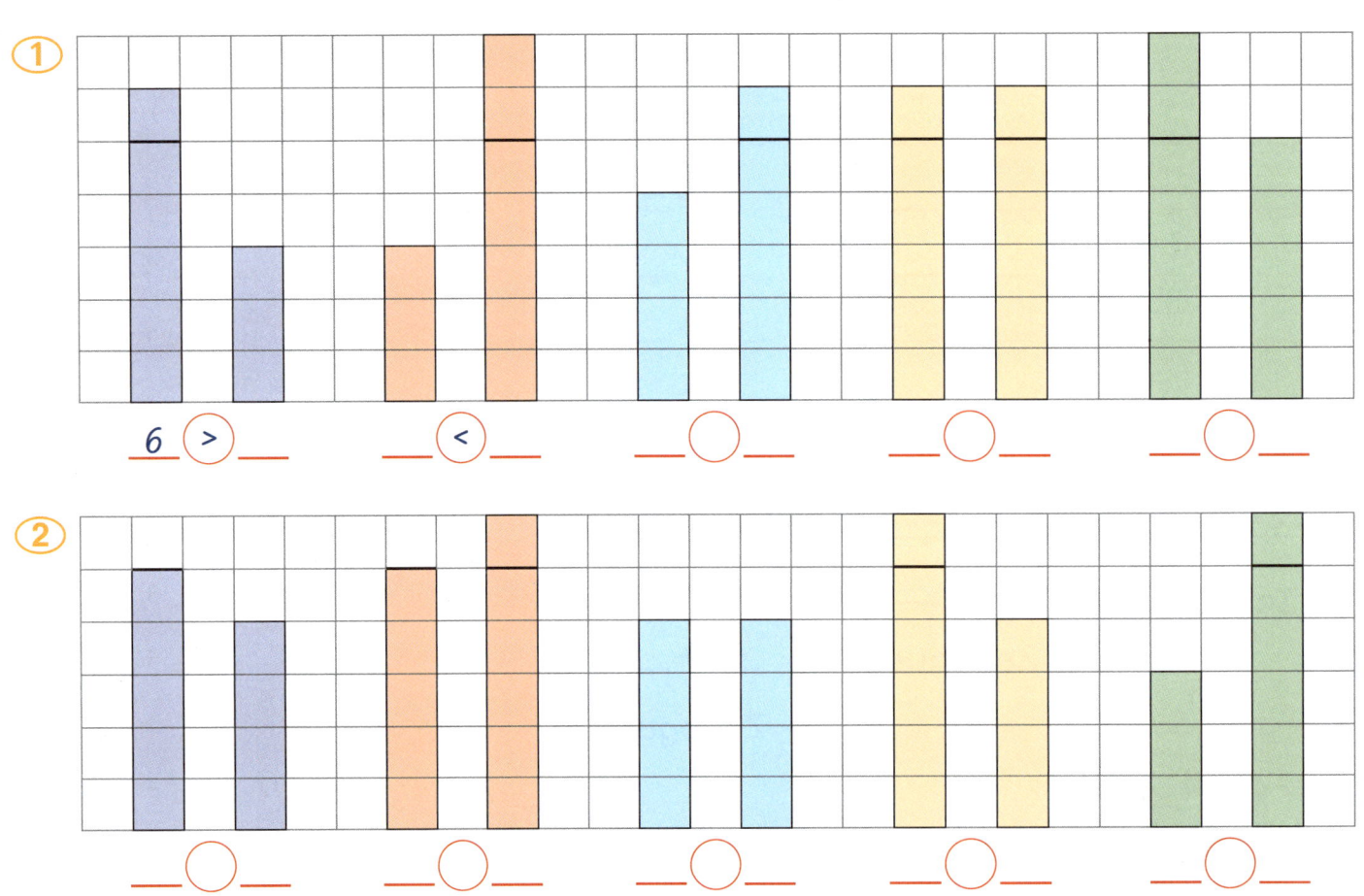

① 6 > __   __ < __   __ ○ __   __ ○ __   __ ○ __

② __ ○ __   __ ○ __   __ ○ __   __ ○ __   __ ○ __

Zahlen vergleichen: >, <, =

①

3 < 8   10 ◯ 7   4 ◯ 3   4 ◯ 9
8 = 8   1 ◯ 0   3 ◯ 9   5 ◯ 3
10 > 8 3 ◯ 2   6 ◯ 2   7 ◯ 4
2 ◯ 8   3 ◯ 3   6 ◯ 6   8 ◯ 6
5 ◯ 5   6 ◯ 8   7 ◯ 6   9 ◯ 3

②
9 ◯ 8   4 ◯ 5   7 ◯ 6   1 ◯ 9   0 ◯ 5   6 ◯ 4
4 ◯ 8   4 ◯ 6   7 ◯ 5   9 ◯ 2   5 ◯ 8   6 ◯ 1
7 ◯ 1   4 ◯ 7   7 ◯ 8   6 ◯ 3   8 ◯ 5   6 ◯ 7
1 ◯ 8   4 ◯ 4   5 ◯ 2   3 ◯ 6   5 ◯ 0   6 ◯ 5
3 ◯ 7   3 ◯ 1   7 ◯ 9   2 ◯ 7   7 ◯ 7   8 ◯ 3

Dazulegen oder wegnehmen?

Male dazu oder streiche weg.

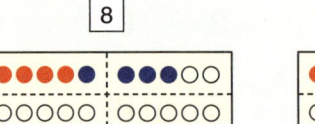 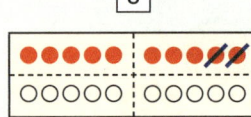

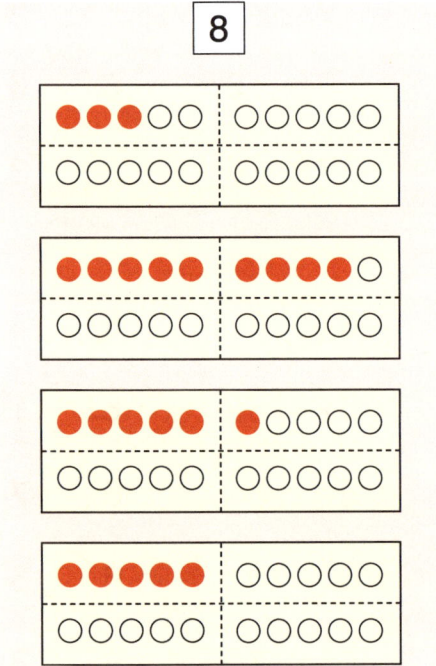 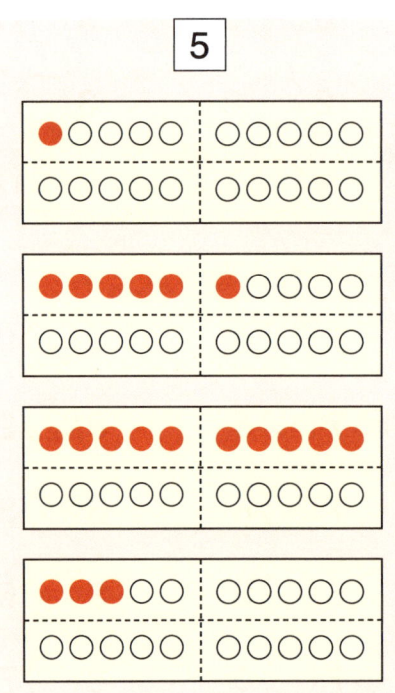 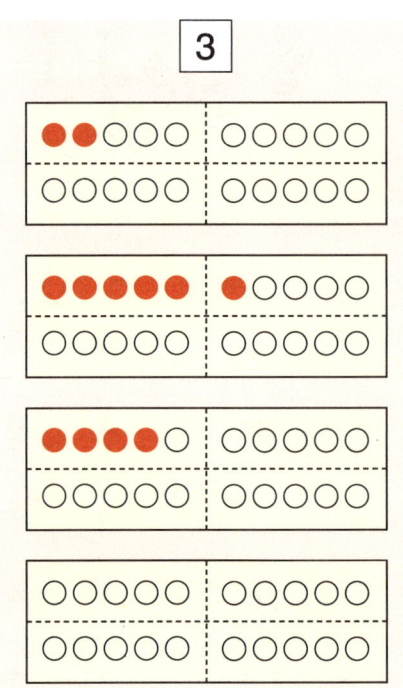

Dazulegen oder wegnehmen?

Male dazu oder streiche weg.

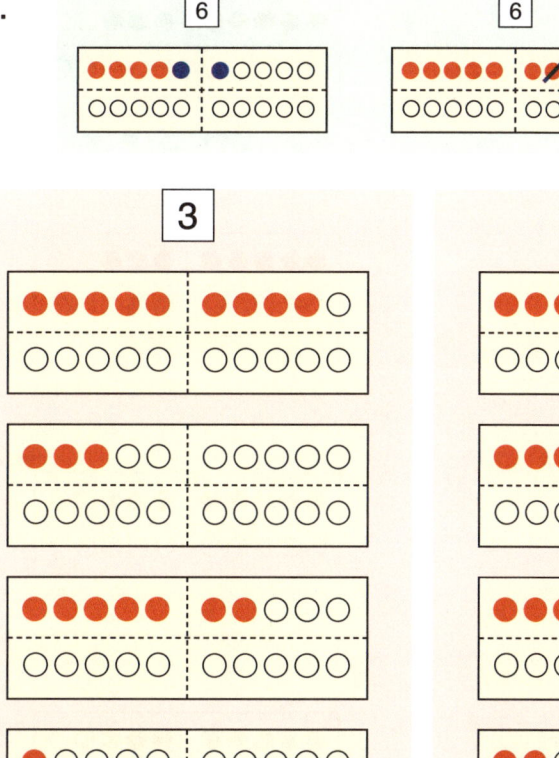

Plusaufgaben

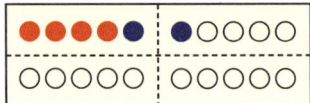 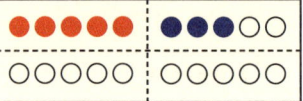 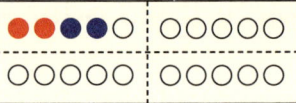

4 + 2 = 6   5 + 3 =

Minusaufgaben

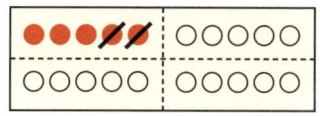 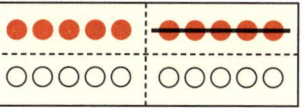 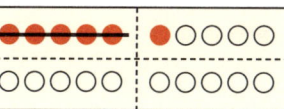

5 − 2 = 3   10 − 5 =

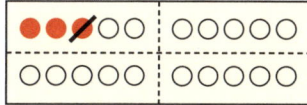 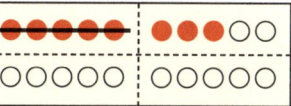

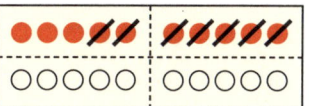 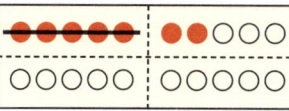

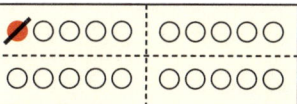 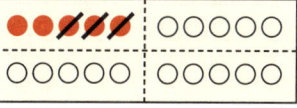

Plus- und Minusaufgaben

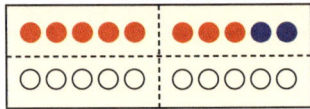

8 + 2 = *10*

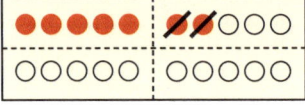

7 − 2 = ___

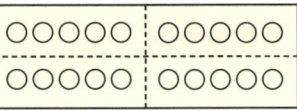

6 − 4 = ___

10 − 3 = ___

3 + 2 = ___

8 − 1 = ___

5 + 2 = ___

4 − 3 = ___

5 − 2 = ___

6 − 1 = ___

9 − 4 = ___

2 + 2 = ___

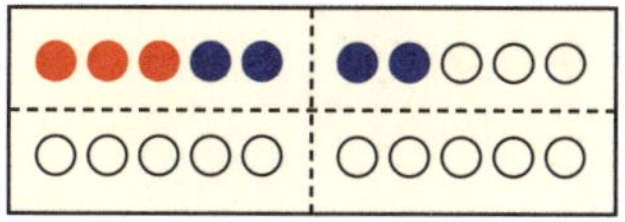

Plus- und Minusaufgaben

3 + 4 = 7

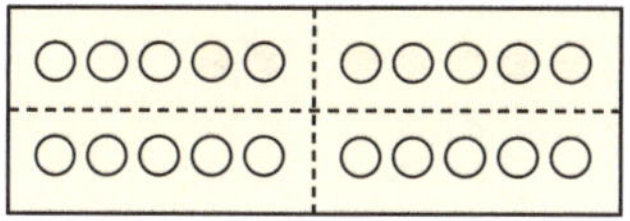

8 − 4 = ___

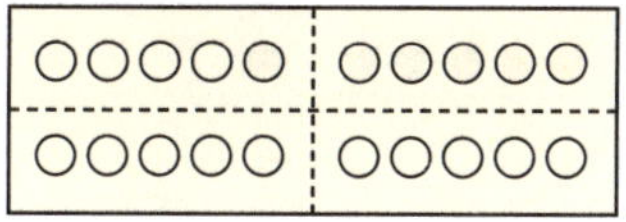

7 − 4 = ___

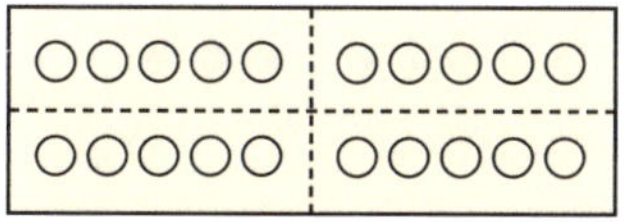

6 − 2 = ___

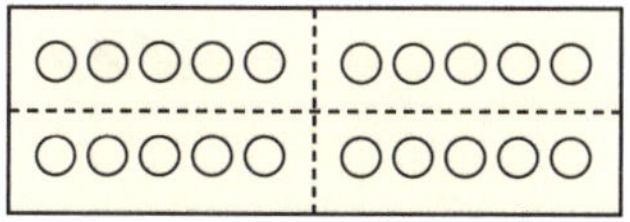

4 + 1 = ___

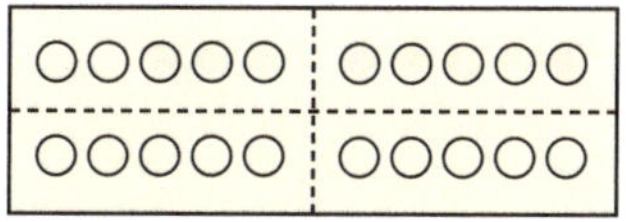

1 + 7 = ___

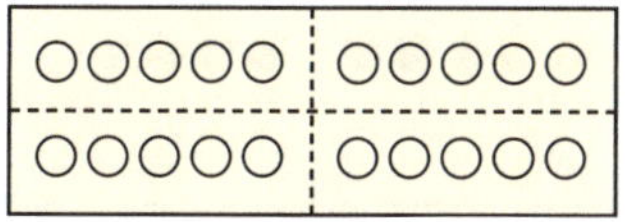

8 − 3 = ___

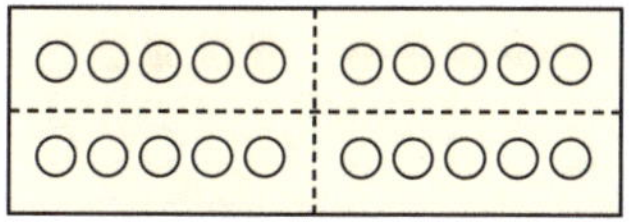

7 − 1 = ___

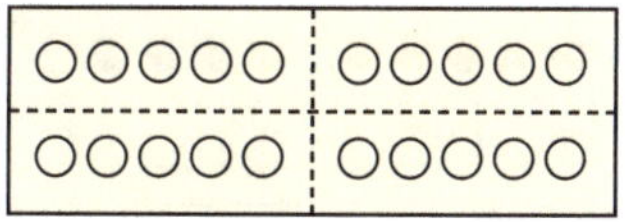

5 + 3 = ___

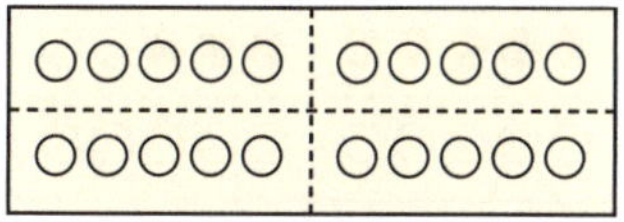

10 − 2 = ___

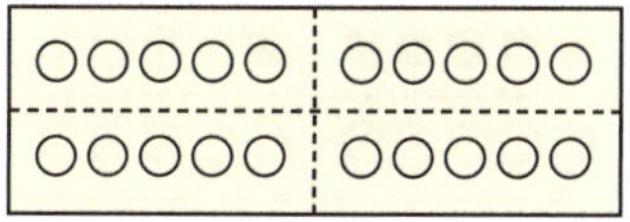

2 + 6 = ___

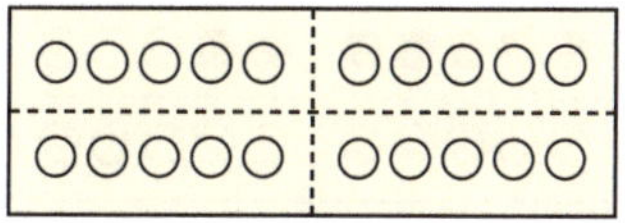

9 − 3 = ___

Plus oder minus?

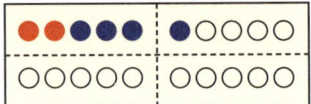 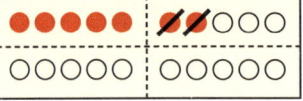 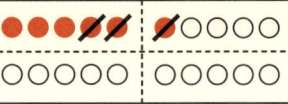

2 + 4 = 6   7 − 2 =

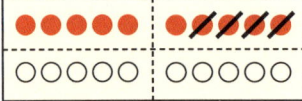 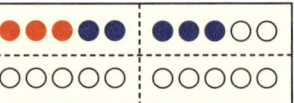

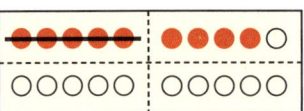 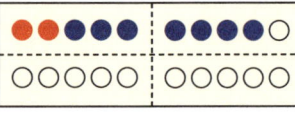

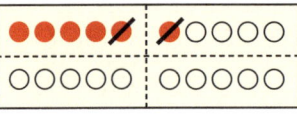 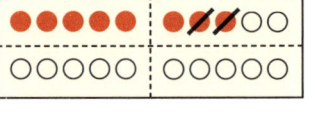

Plus oder minus?

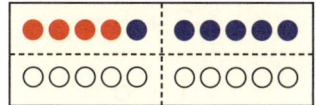

4 + 6 = 10

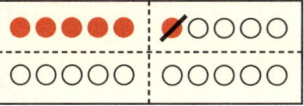

6 − 1 =

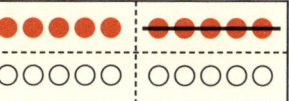

Plusaufgaben

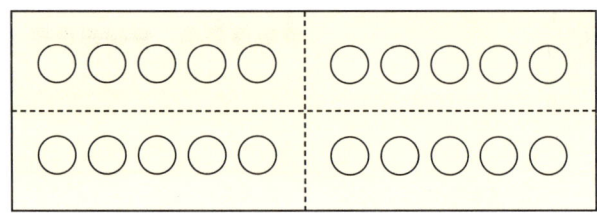

① 1 + 5 = _6_
2 + 4 = ___
3 + 4 = ___

2 + 8 = ___
1 + 6 = ___
0 + 2 = ___

② 1 + 3 = ___
3 + 0 = ___
7 + 1 = ___
2 + 5 = ___

3 + 1 = ___
5 + 4 = ___
7 + 2 = ___
1 + 4 = ___

1 + 7 = ___
4 + 5 = ___
3 + 7 = ___
5 + 3 = ___

6 + 2 = ___
2 + 3 = ___
1 + 8 = ___
2 + 0 = ___

③ 6 + 3 = ___
4 + 2 = ___
4 + 0 = ___
1 + 2 = ___

8 + 1 = ___
4 + 1 = ___
1 + 9 = ___
3 + 2 = ___

5 + 0 = ___
3 + 5 = ___
6 + 1 = ___
8 + 2 = ___

7 + 3 = ___
4 + 3 = ___
3 + 6 = ___
8 + 0 = ___

Minusaufgaben

① 9 − 7 = 2   8 − 8 = ___   7 − 4 = ___
  8 − 5 = ___   9 − 6 = ___   8 − 0 = ___
  6 − 4 = ___   10 − 2 = ___   5 − 4 = ___

② 10 − 3 = ___   3 − 1 = ___   10 − 7 = ___   6 − 2 = ___
  4 − 0 = ___   5 − 3 = ___   8 − 6 = ___   8 − 3 = ___
  7 − 1 = ___   7 − 2 = ___   6 − 0 = ___   9 − 8 = ___
  9 − 5 = ___   9 − 4 = ___   5 − 3 = ___   2 − 0 = ___

③ 4 − 3 = ___   8 − 1 = ___   5 − 0 = ___   10 − 4 = ___
  5 − 2 = ___   4 − 4 = ___   7 − 5 = ___   7 − 6 = ___
  3 − 0 = ___   10 − 9 = ___   6 − 1 = ___   2 − 2 = ___
  9 − 2 = ___   3 − 2 = ___   8 − 7 = ___   10 − 8 = ___

Plus- und Minusaufgaben

① 5 + 4 = _9_   10 − 4 = ___   8 − 4 = ___
   2 + 6 = ___   9 − 6 = ___   10 − 8 = ___
   4 + 3 = ___   7 − 4 = ___   7 − 7 = ___

② 5 + 5 = ___   6 − 4 = ___   3 + 5 = ___   4 + 6 = ___
   3 + 4 = ___   9 − 8 = ___   3 + 7 = ___   8 + 1 = ___
   4 + 5 = ___   7 − 5 = ___   2 + 7 = ___   2 + 5 = ___
   9 + 0 = ___   4 − 3 = ___   6 + 2 = ___   3 + 2 = ___

③ 7 − 1 = ___   3 + 6 = ___   1 + 8 = ___   10 − 6 = ___
   9 − 5 = ___   6 + 4 = ___   7 + 2 = ___   8 − 7 = ___
   4 − 2 = ___   6 + 3 = ___   4 + 4 = ___   9 − 7 = ___
   10 − 2 = ___   1 + 5 = ___   4 + 2 = ___   5 − 4 = ___

Plus- und Minusaufgaben

① 5 − 0 = 5   9 − 7 = ___
  8 − 5 = ___   8 − 3 = ___
  4 + 5 = ___   10 − 8 = ___

② 6 − 4 = ___   2 + 6 = ___   10 − 7 = ___   0 + 6 = ___
  9 − 5 = ___   5 − 3 = ___   1 + 9 = ___   9 − 3 = ___
  1 + 7 = ___   4 + 0 = ___   8 − 0 = ___   7 − 4 = ___
  3 + 6 = ___   8 − 7 = ___   5 + 5 = ___   3 + 4 = ___

③ 6 − 2 = ___   5 + 1 = ___   6 − 3 = ___   4 − 3 = ___
  2 + 3 = ___   7 + 2 = ___   8 − 6 = ___   4 + 3 = ___
  10 − 4 = ___ 9 − 6 = ___   1 + 4 = ___   8 − 4 = ___
  4 + 6 = ___   2 + 5 = ___   9 − 9 = ___   3 + 5 = ___

Plusaufgaben – Platzhalter in der Mitte

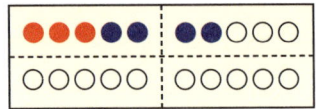

3 + _4_ = 7

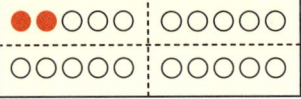

2 + ___ = 5

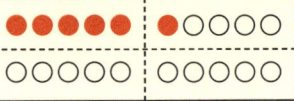

6 + ___ = 9

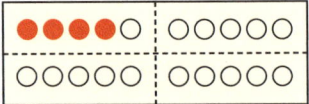

4 + ___ = 8

5 + ___ = 7

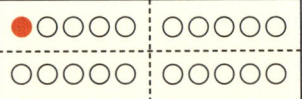

1 + ___ = 6

7 + ___ = 9

4 + ___ = 4

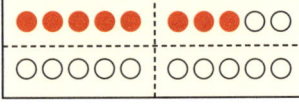

8 + ___ = 10

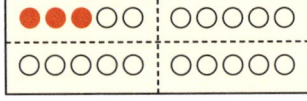

3 + ___ = 8

0 + ___ = 9

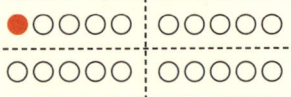

1 + ___ = 9

Minusaufgaben – Platzhalter in der Mitte

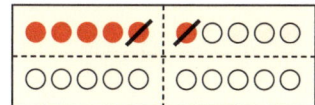

6 − _2_ = 4

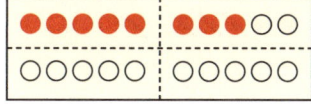

8 − ___ = 4

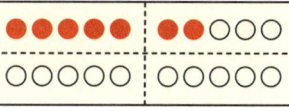

7 − ___ = 3

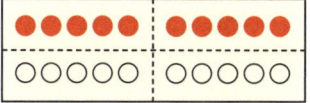

10 − ___ = 3

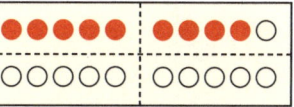

5 − ___ = 2

9 − ___ = 1

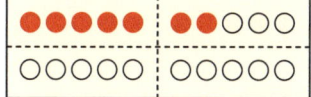

7 − ___ = 5

4 − ___ = 3

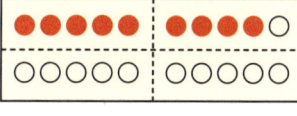

9 − ___ = 6

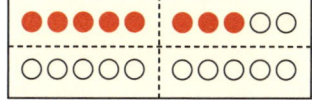

8 − ___ = 2

10 − ___ = 9

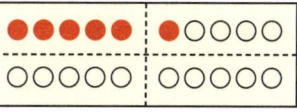

6 − ___ = 0

Plus oder minus? – Platzhalter in der Mitte

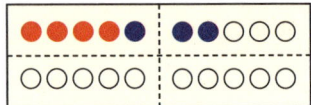
4 + 3 = 7

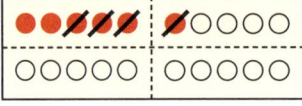
6 − 4 = 2

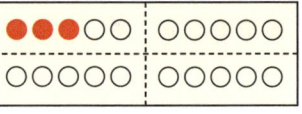
3 ____ = 8

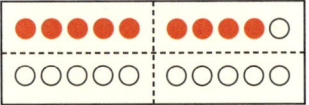
9 ____ = 5

5 ____ = 8

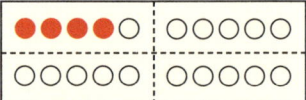
4 ____ = 1

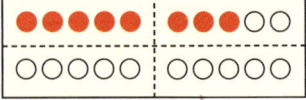
8 ____ = 2

5 ____ = 10

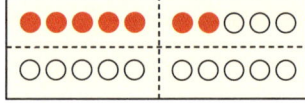
7 ____ = 9

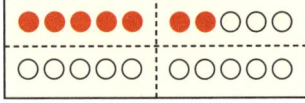
7 ____ = 1

8 ____ = 8

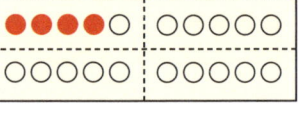
4 ____ = 0

Plus- und Minusaufgaben – Platzhalter in der Mitte

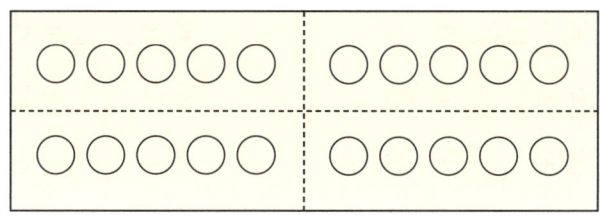

① 9 − _5_ = 4   1 + ___ = 8
6 − ___ = 3   3 + ___ = 5
5 − ___ = 4   0 + ___ = 6

② 1 + ___ = 7   10 − ___ = 5   10 − ___ = 7   5 + ___ = 9
4 + ___ = 7   4 − ___ = 1   10 − ___ = 10   2 + ___ = 6
6 + ___ = 8   8 − ___ = 4   9 − ___ = 8   3 + ___ = 3
2 + ___ = 10   9 − ___ = 3   7 − ___ = 7   6 + ___ = 7

③ 10 − ___ = 3   8 + ___ = 10   7 + ___ = 10   5 − ___ = 2
4 − ___ = 3   4 + ___ = 8   4 + ___ = 6   9 − ___ = 1
7 − ___ = 0   1 + ___ = 10   2 + ___ = 8   10 − ___ = 8
6 − ___ = 6   3 + ___ = 7   9 + ___ = 10   7 − ___ = 3

Plus- und Minusaufgaben – Platzhalter in der Mitte

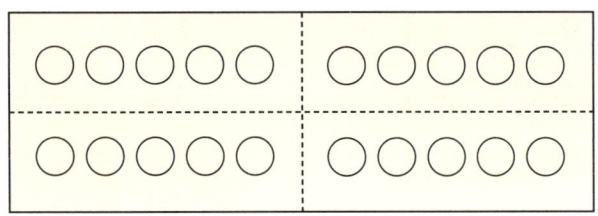

① 2 + _5_ = 7   2 − ___ = 0
　 4 + ___ = 10   4 − ___ = 2
　 5 + ___ = 8   8 − ___ = 6

② 9 − ___ = 7   3 + ___ = 4   2 + ___ = 4   10 − ___ = 6
　 4 − ___ = 0   5 + ___ = 5   1 + ___ = 9   8 − ___ = 5
　 10 − ___ = 1   0 + ___ = 8   5 + ___ = 6   6 − ___ = 2
　 7 − ___ = 2   1 + ___ = 6   1 + ___ = 5   9 − ___ = 5

③ 6 + ___ = 6   7 − ___ = 5   2 + ___ = 5   3 − ___ = 1
　 3 + ___ = 8   9 − ___ = 2   4 + ___ = 9   9 − ___ = 6
　 0 + ___ = 9   6 − ___ = 1   5 + ___ = 10   7 − ___ = 6
　 1 + ___ = 3   9 − ___ = 4   8 + ___ = 8   5 − ___ = 3

Plus oder minus? – Platzhalter in der Mitte

①   1 + 7 = 8   0 ___ = 6   10 ___ = 2

     7 ___ = 4   2 ___ = 7   9 ___ = 5

     8 ___ = 2   5 ___ = 9   3 ___ = 7

     5 ___ = 1   9 ___ = 9   5 ___ = 8

②   2 ___ = 5   8 ___ = 5   10 ___ = 4   2 ___ = 10

     10 ___ = 6   3 ___ = 9   2 ___ = 6   7 ___ = 2

     4 ___ = 8   8 ___ = 9   5 ___ = 3   6 ___ = 8

     7 ___ = 3   6 ___ = 1   7 ___ = 9   8 ___ = 6

③   9 ___ = 3   9 ___ = 2   2 ___ = 8   7 ___ = 1

     4 ___ = 7   4 ___ = 9   5 ___ = 2   1 ___ = 5

     9 ___ = 4   6 ___ = 4   8 ___ = 3   0 ___ = 8

     8 ___ = 1   3 ___ = 6   2 ___ = 9   4 ___ = 2

Schöne Päckchen ⊕ und ⊖

①
0 + 0 = _0_
1 + 1 = ___
2 + 2 = ___
3 + ___ = ___
___ + ___ = ___
___ + ___ = ___

2 + 3 = ___
2 + 4 = ___
2 + 5 = ___
2 + ___ = ___
___ + ___ = ___
___ + ___ = ___

0 + 1 = ___
1 + 2 = ___
2 + 3 = ___
3 + ___ = ___
___ + ___ = ___
___ + ___ = ___

10 + 0 = ___
9 + 1 = ___
8 + 2 = ___
7 + ___ = ___
___ + ___ = ___
___ + ___ = ___

②
10 − 7 = ___
10 − 6 = ___
10 − 5 = ___
10 − ___ = ___
___ − ___ = ___
___ − ___ = ___

0 − 0 = ___
1 − 1 = ___
2 − 2 = ___
3 − ___ = ___
___ − ___ = ___
___ − ___ = ___

10 − 0 = ___
10 − 2 = ___
10 − 4 = ___
10 − ___ = ___
___ − ___ = ___
___ − ___ = ___

9 − 7 = ___
8 − 6 = ___
7 − 5 = ___
6 − ___ = ___
___ − ___ = ___
___ − ___ = ___

Ergebnisse färben

Ergebnis 3	Ergebnis 6		Ergebnis 2	Ergebnis 4
4 + 2	10 – 8	6 – 0	8 – 6	10 – 4
9 – 6	9 – 7	0 + 2	1 + 1	7 – 4
10 – 6	3 + 3	9 – 5	9 – 3	8 – 4
0 + 3	6 – 4	2 + 2	7 – 5	10 – 7
1 + 5	7 – 3	3 + 1	8 – 4	8 – 2

Umkehraufgaben ⊕

1 dazu

3 + 1 = 4
Aufgabe

1 weg

4 − 1 = 3
Umkehraufgabe

① 5 + 2 = __7__   __7 − 2 = 5__

4 + 4 = ___   _____

2 + 3 = ___   _____

4 + 2 = ___   _____

2 + 6 = ___   _____

5 + 4 = ___   _____

4 + 3 = ___   _____

6 + 2 = ___   _____

② 3 + 7 = ___   _____

8 + 2 = ___   _____

6 + 4 = ___   _____

3 + 2 = ___   _____

7 + 0 = ___   _____

3 + 5 = ___   _____

8 + 1 = ___   _____

7 + 2 = ___   _____

Umkehraufgaben

"2 weg"

5 − 2 = 3
Aufgabe

"2 dazu"

3 + 2 = 5
Umkehraufgabe

① 8 − 3 = _5_   _5 + 3 = 8_

5 − 1 = ___

7 − 6 = ___

6 − 3 = ___

5 − 5 = ___

8 − 7 = ___

6 − 5 = ___

9 − 6 = ___

② 9 − 5 = ___

2 − 0 = ___

4 − 3 = ___

10 − 8 = ___

9 − 7 = ___

10 − 1 = ___

9 − 8 = ___

10 − 6 = ___

Tauschaufgaben

2 + 6

| 2 + 6 = _8_ | 6 + 1 = ___ | 4 + 5 = ___ | 2 + 7 = ___ |
| 6 + 2 = ___ | 1 + 6 = ___ | 5 + 4 = ___ | 7 + 2 = ___ |

| 0 + 5 = ___ | 1 + 4 = ___ | 4 + 2 = ___ |
| 5 + 0 = ___ | 4 + 1 = ___ | 2 + 4 = ___ |

| 5 + 2 = _7_ | 5 + 3 = ___ | 6 + 4 = ___ | 1 + 3 = ___ |
| _2 + 5_ = | ___ | ___ | ___ |

| 2 + 6 = ___ | 1 + 7 = ___ | 4 + 4 = ___ | 2 + 3 = ___ |
| ___ | ___ | ___ | ___ |

| 9 + 0 = ___ | 2 + 8 = ___ | 1 + 3 = ___ | 1 + 9 = ___ |
| ___ | ___ | ___ | ___ |

Drei Zahlen – vier Aufgaben

①

3 8 5

5 + 3 = _8_
3 + 5 = ___
8 − 5 = ___
8 − 3 = ___

7 3 4

___ + ___ = ___
___ + ___ = ___
___ − ___ = ___
___ − ___ = ___

5 6 1

___ + ___ = ___
___ + ___ = ___
___ − ___ = ___
___ − ___ = ___

9 4 5

___ + ___ = ___
___ + ___ = ___
___ − ___ = ___
___ − ___ = ___

②

2 ☐ 6

___ + ___ = ___
___ + ___ = ___
___ − ___ = ___
___ − ___ = ___

2 ☐ 6

___ + ___ = ___
___ + ___ = ___
___ − ___ = ___
___ − ___ = ___

1 ☐ 8

___ + ___ = ___
___ + ___ = ___
___ − ___ = ___
___ − ___ = ___

1 ☐ 8

___ + ___ = ___
___ + ___ = ___
___ − ___ = ___
___ − ___ = ___

Links und rechts immer gleich viel

① Zeichne und rechne.

5 + 2 = 4 + 3
  7   7

6 + 2 = 3 + ___
  8   ___

1 + 5 = 2 + ___
  ___   ___

2 + 2 = 1 + ___
  ___   ___

4 + 5 = 6 + ___
  ___   ___

3 + 2 = 1 + ___
  ___   ___

② 6 + 4 = 5 + ___
    ___   ___

3 + 5 = 4 + ___
  ___   ___

1 + 6 = 4 + ___
  ___   ___

0 + 5 = 2 + ___
  ___   ___

4 + 2 = 1 + ___
  ___   ___

3 + 3 = 0 + ___
  ___   ___

Rechnungen vergleichen

① 3 + 4 ◯ 6 + 3   1 + 4 ◯ 2 + 3   0 + 5 ◯ 2 + 4
   7   ___   ___   ___   ___   ___

7 + 1 ◯ 2 + 5   6 + 1 ◯ 4 + 5   3 + 4 ◯ 5 + 1
___   ___   ___   ___   ___   ___

② 7 − 3 ◯ 6 − 2   9 − 3 ◯ 6 − 5   6 − 6 ◯ 8 − 7
   4   ___   ___   ___   ___   ___

5 − 4 ◯ 5 − 3   8 − 4 ◯ 7 − 3   2 − 1 ◯ 6 − 1
___   ___   ___   ___   ___   ___

9 − 8 ◯ 8 − 2   6 − 5 ◯ 8 − 3   9 − 3 ◯ 7 − 6
___   ___   ___   ___   ___   ___

Zehner und Einer

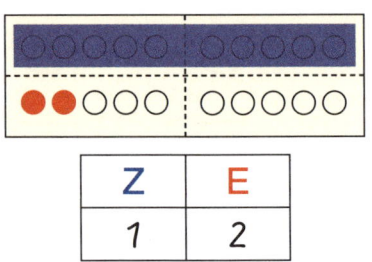

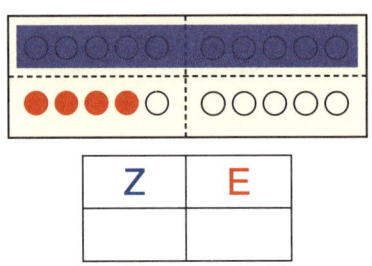

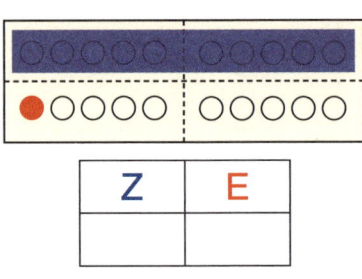

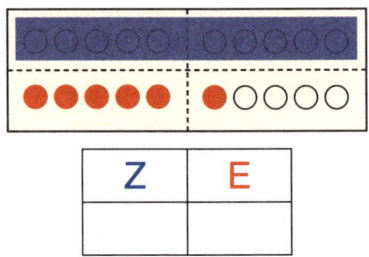

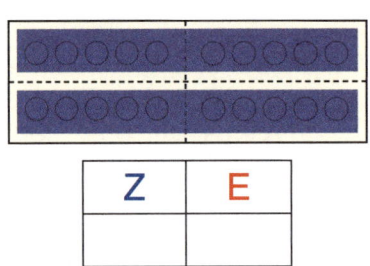

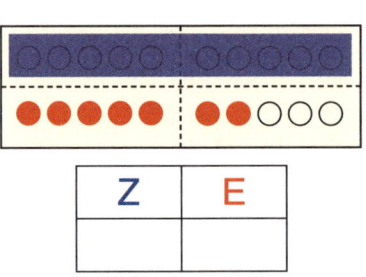

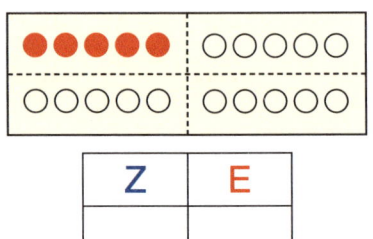

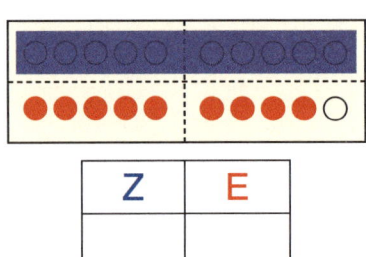

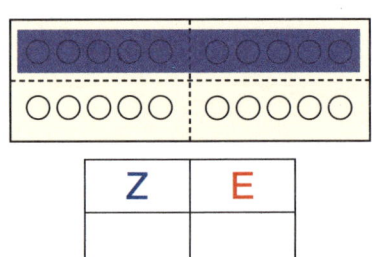

Bis 20 am Zwanzigerseil

Welche Zahlen fehlen? Trage sie ein.

2	3	4		6			11				1
17					14	9				15	
		20		16				13		19	
	12		13					18			18

Bis 20 am Zwanzigerseil

① Wohin gehören die Karten? Verbinde und ergänze.

② Nachbarzahlen. Trage ein.

<u>1</u> 2 <u> </u>   <u> </u> 12 <u> </u>   <u> </u> 1 <u> </u>   <u> </u> 11 <u> </u>

<u> </u> 6 <u> </u>   <u> </u> 16 <u> </u>   <u> </u> 17 <u> </u>   <u> </u> 7 <u> </u>

<u> </u> 4 <u> </u>   <u> </u> 14 <u> </u>   <u> </u> 10 <u> </u>   <u> </u> 20 <u> </u>

<u> </u> 5 <u> </u>   <u> </u> 15 <u> </u>   <u> </u> 13 <u> </u>   <u> </u> 3 <u> </u>

<u> </u> 9 <u> </u>   <u> </u> 19 <u> </u>   <u> </u> 8 <u> </u>   <u> </u> 18 <u> </u>

Zahlen vergleichen: >, <, =

① Vergleiche mit >, <, =.

1 < 12	9 ○ 5	19 ○ 12	0 ○ 20
14 ○ 13	3 ○ 0	15 ○ 16	16 ○ 10
5 ○ 20	7 ○ 0	13 ○ 13	9 ○ 11
12 ○ 12	16 ○ 8	7 ○ 14	12 ○ 13
18 ○ 20	0 ○ 0	18 ○ 11	17 ○ 17

②

3 ○ 11	16 ○ 19	11 ○ 1	1 ○ 20
17 ○ 14	20 ○ 15	7 ○ 9	14 ○ 14
9 ○ 14	5 ○ 14	0 ○ 0	8 ○ 13
18 ○ 12	13 ○ 12	13 ○ 6	17 ○ 8
15 ○ 15	8 ○ 18	19 ○ 7	6 ○ 15

Verwandte Plusaufgaben

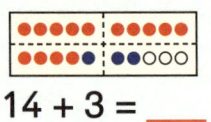

14 + 3 = ___

4 + 3 = _7_

Die kleine Aufgabe hilft.

_1_ + _3_ = _4_
11 + 3 = ___

_4_ + _5_ = ___
14 + 5 = ___

___ + ___ = ___
18 + 1 = ___

___ + ___ = ___
12 + 5 = ___

___ + ___ = ___
13 + 2 = ___

___ + ___ = ___
15 + 3 = ___

___ + ___ = ___
17 + 2 = ___

___ + ___ = ___
13 + 5 = ___

___ + ___ = ___
12 + 4 = ___

___ + ___ = ___
16 + 3 = ___

___ + ___ = ___
14 + 6 = ___

___ + ___ = ___
19 + 1 = ___

Verwandte Minusaufgaben

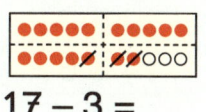

17 − 3 = ___

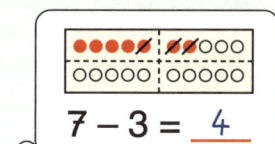

7 − 3 = 4

Die kleine Aufgabe hilft.

8 − 2 = 6
18 − 2 = ___

___ − ___ = ___
12 − 1 = ___

___ − ___ = ___
17 − 2 = ___

___ − ___ = ___
13 − 3 = ___

___ − ___ = ___
14 − 3 = ___

___ − ___ = ___
19 − 5 = ___

___ − ___ = ___
16 − 1 = ___

___ − ___ = ___
19 − 7 = ___

___ − ___ = ___
11 − 1 = ___

___ − ___ = ___
13 − 0 = ___

___ − ___ = ___
15 − 5 = ___

___ − ___ = ___
17 − 4 = ___

47

Verwandte Plus- und Minusaufgaben

Kreise die verwandten Aufgaben mit der gleichen Farbe ein. Rechne.

① 3 + 2 = 5   12 + 3 = ___   5 + 4 = ___   14 + 5 = ___

6 + 1 = ___   4 + 5 = ___   16 + 1 = ___   1 + 3 = ___

2 + 3 = ___   13 + 2 = ___   11 + 3 = ___   15 + 4 = ___

② 6 − 1 = 5   18 − 2 = ___   18 − 3 = ___   17 − 4 = ___

9 − 4 = ___   16 − 1 = ___   4 − 3 = ___   7 − 4 = ___

8 − 2 = ___   8 − 3 = ___   19 − 4 = ___   14 − 3 = ___

Plus- und Minusaufgaben bis 20

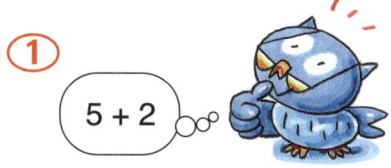

①

15 + 2 = _17_
19 − 2 = ___
13 − 1 = ___
16 + 4 = ___

10 + 7 = ___
16 − 5 = ___
17 − 3 = ___
18 + 0 = ___
12 + 5 = ___
11 + 4 = ___

14 + 5 = ___
13 − 3 = ___
19 − 3 = ___
16 + 3 = ___
12 − 2 = ___
11 + 9 = ___

15 − 4 = ___
20 − 5 = ___
15 + 3 = ___
11 + 6 = ___
17 − 5 = ___
19 − 4 = ___

② 11 + 8 = ___
14 − 2 = ___
18 − 6 = ___
20 + 0 = ___
17 + 2 = ___

16 − 4 = ___
19 − 7 = ___
20 − 8 = ___
13 + 6 = ___
12 + 8 = ___

18 − 7 = ___
14 + 6 = ___
12 + 3 = ___
18 − 5 = ___
13 + 4 = ___

20 − 7 = ___
16 − 0 = ___
17 + 3 = ___
12 + 7 = ___
10 + 8 = ___

Verdoppeln

Verdopple, male und rechne.

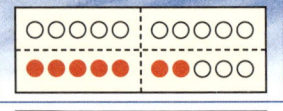

7 + 7 = 14

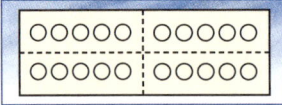

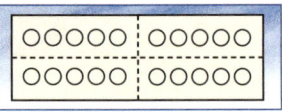

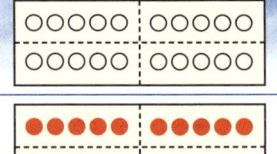

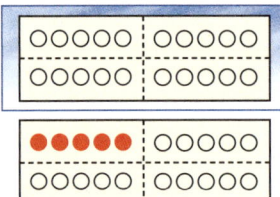

Zahl	3	5	1	7	9	0	2	8	4	6	10
das Doppelte											

Nachbaraufgaben

① Schreibe alle Verdoppelungsaufgaben bis 20 auf.

10 + 10 = _20_   _9_ + _9_ = ___   ___ + ___ = ___   ___ + ___ = ___

___ + ___ = ___   ___ + ___ = ___   ___ + ___ = ___   ___ + ___ = ___

___ + ___ = ___   ___ + ___ = ___

② Verdopplungsaufgaben helfen.

_7_ + _7_ = _14_   ___ + ___ = ___   ___ + ___ = ___   ___ + ___ = ___
7 + 8 = _15_   5 + 6 = ___   6 + 7 = ___   4 + 5 = ___

___ + ___ = ___   ___ + ___ = ___   ___ + ___ = ___   ___ + ___ = ___
9 + 8 = ___   7 + 6 = ___   8 + 9 = ___   8 + 7 = ___

Nachbaraufgaben

① Schreibe Plusaufgaben mit 10 auf.

10 + 10 = _20_   10 + 9 = ___   10 + ___ = ___   ___ + ___ = ___

___ + ___ = ___   ___ + ___ = ___   ___ + ___ = ___   ___ + ___ = ___

___ + ___ = ___   ___ + ___ = ___

② Die Nachbaraufgabe mit 10 hilft.

| _10_ + _3_ = _13_ | ___ + ___ = ___ | ___ + ___ = ___ | ___ + ___ = ___ |
| 9 + 3 = _12_ | 9 + 5 = ___ | 9 + 6 = ___ | 9 + 7 = ___ |

| ___ + ___ = ___ | ___ + ___ = ___ | ___ + ___ = ___ | ___ + ___ = ___ |
| 6 + 9 = ___ | 8 + 9 = ___ | 4 + 9 = ___ | 5 + 9 = ___ |

Nachbaraufgaben

① Schreibe Minusaufgaben mit 10 auf.

11 − 10 = _1_   12 − 10 = ___   ___ − ___ = ___   ___ − ___ = ___

___ − ___ = ___   ___ − ___ = ___   ___ − ___ = ___   ___ − ___ = ___

___ − ___ = ___   ___ − ___ = ___

② Die Nachbaraufgabe mit 10 hilft.

| _13_ − _10_ = _3_ | | ___ − ___ = ___ | | ___ − ___ = ___ | | ___ − ___ = ___ |
| 13 − 9 = _4_ | | 18 − 9 = ___ | | 17 − 9 = ___ | | 11 − 9 = ___ |

| ___ − ___ = ___ | | ___ − ___ = ___ | | ___ − ___ = ___ | | ___ − ___ = ___ |
| 14 − 9 = ___ | | 12 − 9 = ___ | | 15 − 9 = ___ | | 13 − 9 = ___ |

Zwischenstopp bei 10 ⊕

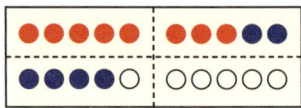

8 + 6 = __
8 + 2 + 4 = 14

5 + 8 = __
5 + 5 + __ = __

7 + 5 = __
7 + __ + __ = __

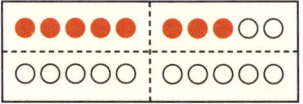

8 + 4 = __
8 + __ + __ = __

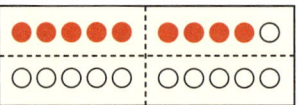

9 + 7 = __
9 + __ + __ = __

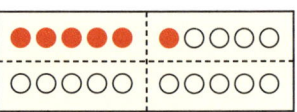

6 + 8 = __
6 + __ + __ = __

7 + 4 = __
7 + __ + __ = __

8 + 5 = __
8 + __ + __ = __

4 + 9 = __
4 + __ + __ = __

Zwischenstopp bei 10 ⊕

9 + 4 = ___
9 + 1 + 3 = *13*

5 + 7 = ___
5 + 5 + ___ = ___

7 + 6 = ___
7 + ___ + ___ = ___

8 + 7 = ___
8 + ___ + ___ = ___

9 + 3 = ___
9 + ___ + ___ = ___

6 + 9 = ___
6 + ___ + ___ = ___

8 + 3 = ___
8 + ___ + ___ = ___

7 + 9 = ___
7 + ___ + ___ = ___

9 + 2 = ___
1   *1*

4 + 8 = ___
___ ___

9 + 5 = ___
___ ___

4 + 7 = ___
___ ___

7 + 8 = ___
___ ___

3 + 8 = ___
___ ___

5 + 6 = ___
___ ___

8 + 9 = ___
___ ___

Zwischenstopp bei 10 ⊖

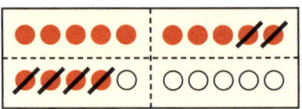

14 − 6 = ___
14 − 4 − 2 = _8_

16 − 7 = ___
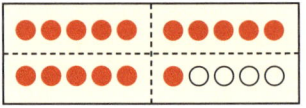
16 − ___ − ___ = ___

14 − 5 = ___
14 − ___ − ___ = ___

13 − 7 = ___
13 − 3 − ___ = ___

12 − 8 = ___
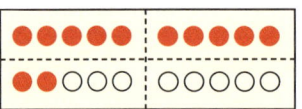
12 − ___ − ___ = ___

11 − 7 = ___
11 − ___ − ___ = ___

11 − 5 = ___
11 − ___ − ___ = ___

13 − 5 = ___
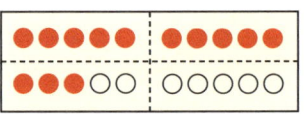
13 − ___ − ___ = ___

15 − 7 = ___
15 − ___ − ___ = ___

Zwischenstopp bei 10 ⊖

14 − 8 = ___
14 − 4 − 4 = 6

13 − 4 = ___
13 − 3 − ___ = ___

11 − 6 = ___
11 − ___ − ___ = ___

12 − 6 = ___
12 − ___ − ___ = ___

16 − 8 = ___
16 − ___ − ___ = ___

12 − 7 = ___
12 − ___ − ___ = ___

13 − 8 = ___
13 − ___ − ___ = ___

11 − 4 = ___
11 − ___ − ___ = ___

14 − 9 = ___
___ − ___ − ___ =

15 − 6 = ___
___ − ___ − ___ =

17 − 9 = ___
___ − ___ − ___ =

13 − 6 = ___
___ − ___ − ___ =

15 − 9 = ___
___ − ___ − ___ =

11 − 8 = ___
___ − ___ − ___ =

12 − 5 = ___
___ − ___ − ___ =

14 − 7 = ___
___ − ___ − ___ =

Plusaufgaben bis 20

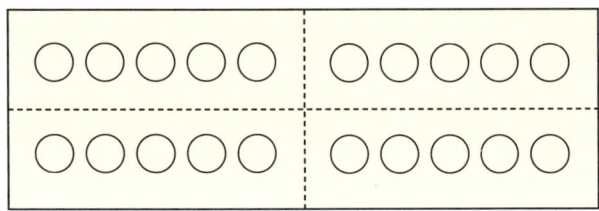

① 6 + 3 = _9_   4 + 5 = ___
　 1 + 4 = ___   3 + 3 = ___
　 1 + 8 = ___   6 + 1 = ___
　 2 + 5 = ___   6 + 4 = ___

② 14 + 5 = ___   12 + 3 = ___   11 + 6 = ___   19 + 1 = ___
　 13 + 5 = ___   18 + 0 = ___   10 + 7 = ___   14 + 2 = ___
　 16 + 4 = ___   15 + 2 = ___   17 + 1 = ___   11 + 8 = ___
　 14 + 4 = ___   13 + 3 = ___   16 + 0 = ___   10 + 6 = ___

③ 7 + 8 = ___   6 + 9 = ___   5 + 6 = ___   9 + 7 = ___
　 4 + 7 = ___   9 + 8 = ___   6 + 7 = ___   6 + 4 = ___
　 6 + 8 = ___   5 + 7 = ___   2 + 9 = ___   7 + 7 = ___

Minusaufgaben bis 20

① 6 − 1 = _5_   2 − 2 = ___   6 − 4 = ___
   9 − 5 = ___   10 − 6 = ___   9 − 7 = ___
   7 − 3 = ___   5 − 3 = ___   10 − 8 = ___
   8 − 4 = ___   8 − 6 = ___   5 − 0 = ___

② 13 − 2 = ___   16 − 4 = ___   14 − 1 = ___   17 − 5 = ___
   17 − 2 = ___   15 − 4 = ___   11 − 0 = ___   16 − 3 = ___
   19 − 9 = ___   18 − 6 = ___   12 − 2 = ___   20 − 5 = ___
   20 − 7 = ___   20 − 2 = ___   19 − 6 = ___   13 − 3 = ___

③ 13 − 5 = ___   11 − 4 = ___   14 − 9 = ___   11 − 2 = ___
   15 − 7 = ___   16 − 9 = ___   18 − 9 = ___   14 − 7 = ___
   12 − 8 = ___   15 − 6 = ___   17 − 8 = ___   12 − 5 = ___

Halbieren

① Halbiere.

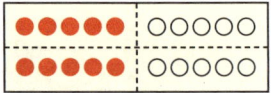 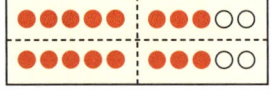 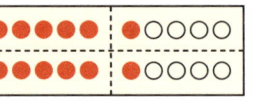 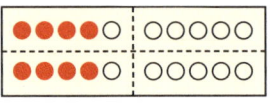

10 = 5 +　　　　　　＿＿＿＿＿　　　　　　＿＿＿＿＿　　　　　　＿＿＿＿＿

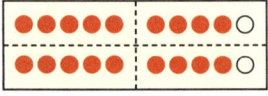

＿＿＿＿＿　　　　　　＿＿＿＿＿　　　　　　＿＿＿＿＿　　　　　　＿＿＿＿＿

② Male Plättchen so, dass du gut halbieren kannst.

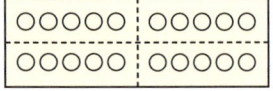

18 = 9 +　　　　14 = ＿＿＿　　　　2 = ＿＿＿　　　　20 = ＿＿＿

8 = ＿＿＿　　　　16 = ＿＿＿　　　　12 = ＿＿＿　　　　4 = ＿＿＿

Rechnen mit Euro

① **Wie viel Geld ist es? Trage ein.**

_8_ €   ___ €   ___ €   ___ €

② **Male die Geldbeträge.** 10   5   2   1

9  €   14  €   17  €   4 €

20  €   7  €   12  €   8 €

Rechnen mit Cent

① Wie viel Geld ist es? Trage ein.

_17_ ct ____ ct ____ ct ____ ct

② Male die Geldbeträge. ⑩ ⑤ ② ①

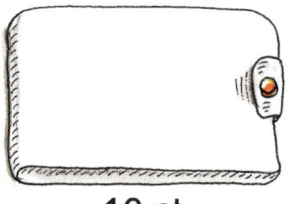 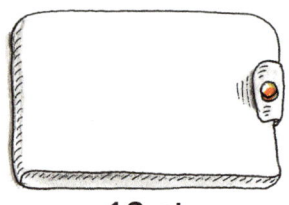  

10 ct 13 ct 6 ct 19 ct

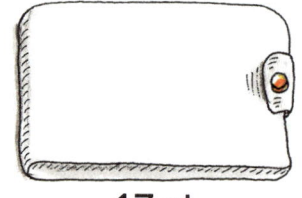 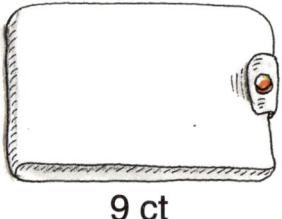 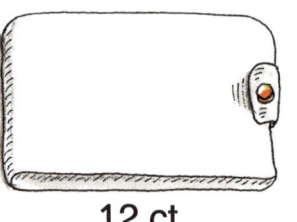 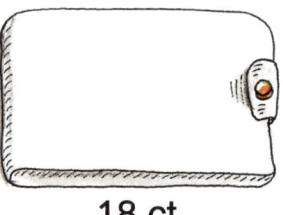

17 ct 9 ct 12 ct 18 ct

Uhrzeiten

① Trage beide Uhrzeiten ein.

_2.00_ Uhr   _____ Uhr   _____ Uhr   _____ Uhr   _____ Uhr

_14.00_ Uhr   _____ Uhr   _____ Uhr   _____ Uhr   _____ Uhr

② Zeichne die Zeiger ein.

   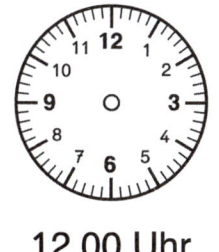 

17.00 Uhr   13.00 Uhr   3.00 Uhr   12.00 Uhr   5.00 Uhr

Zahlenmauern

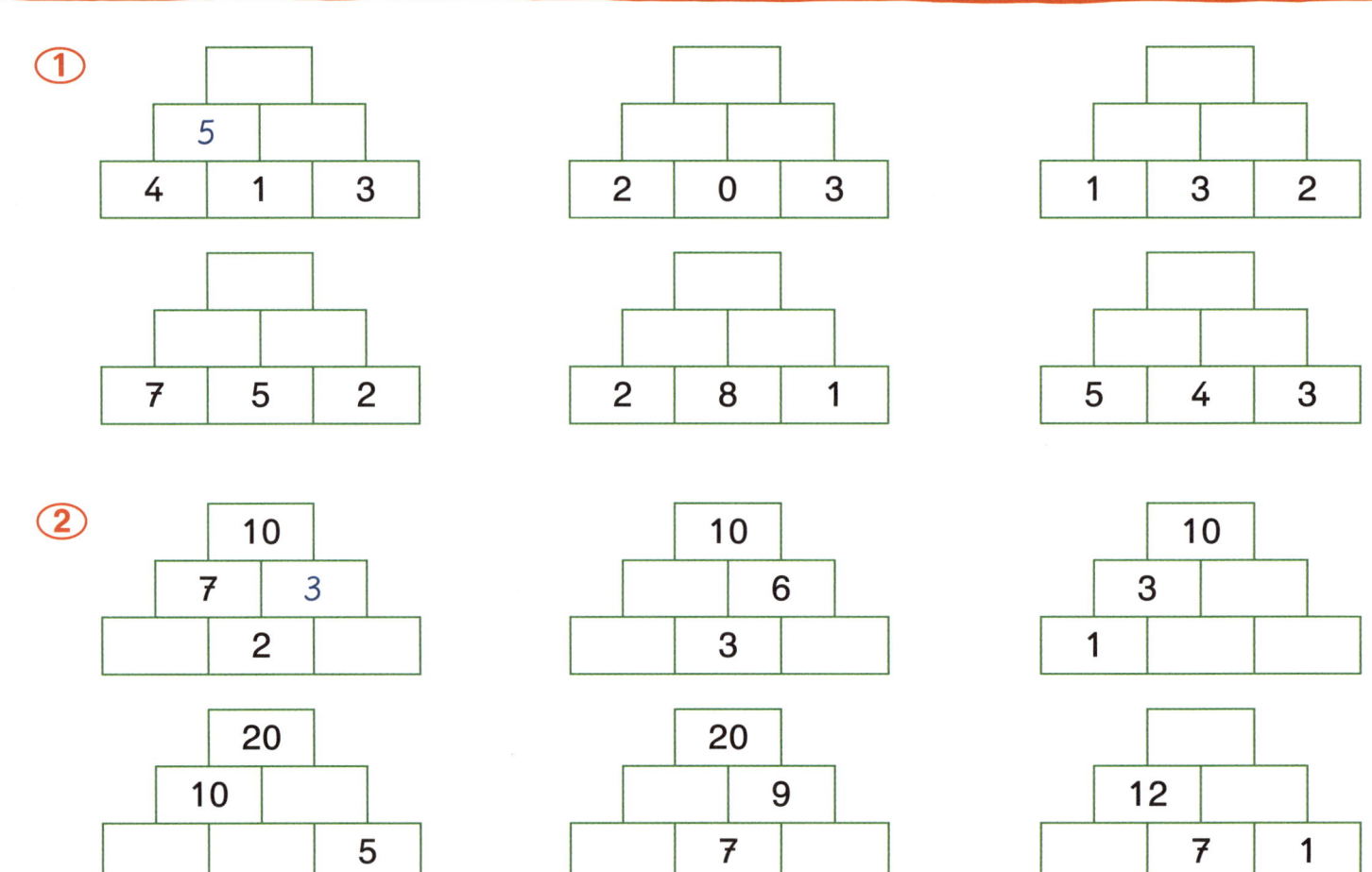